GAYO BULAMBO CADET
JEAN-LUC MALANGO

REUSSIR A L'UNIVERSITE

GAYO BULAMBO CADET
JEAN-LUC MALANGO

REUSSIR A L'UNIVERSITE

20 conseils pratiques

Éditions Vie

Cover image: www.ingimage.com

Publisher:
Éditions Vie
is a trademark of
Dodo Books Indian Ocean Ltd. and OmniScriptum S.R.L publishing group

120 High Road, East Finchley, London, N2 9ED, United Kingdom
Str. Armeneasca 28/1, office 1, Chisinau MD-2012, Republic of Moldova, Europe
Printed at: see last page
ISBN: 978-613-9-59204-3

RÉUSSIR À L'UNIVERSITÉ :

20 conseils pratiques

Ce livret vous aidera à trouver une réponse à la question que tout le monde s'est toujours posée : **Comment réussir à l'Université ?**

Par GAYO BULAMBO Cadet

Président de l'Agora juridique/UOB et étudiant en première année de licence dans le département de Droit économique et social.

1ère édition

Janvier 2023

RÉUSSIR À L'UNIVERSITÉ : 20 Conseils pratiques

Ce livret vise à vous faire comprendre quelques habitudes et attitudes à adopter et à éviter pour répondre à la question : comment réussir à l'université ?

1ière édition

GAYO BULAMBO Cadet

Adresse : Bukavu, Sud-Kivu/ RD Congo

Télé : +243992326759, (WhatsApp et telegram)

Mail : cadetgayobulambo@gmail.com ; **Facebook** ; Gayo Cadet Bashimwenda

Introduction

Comment réussir à l'université ? Pourquoi ai-je échoué ? Ce sont des questions que se posent la plupart des étudiants. Généralement, nos parents et nos enseignants nous invitent tous à réussir, mais jamais ils ne nous apprennent comment construire progressivement notre réussite. Les étudiants échouent par ignorance des méthodes et techniques conduisant à la réussite ou encore à cause des mauvaises habitudes et attitudes, ils sont découragés et abandonnent leurs études pour l'une ou l'autre raison.

Mais cela ne doit pas vous décourager et vous repousser loin de vos rêves, car vous avez toute la possibilité de vous remettre à la tâche et devenir la personne que vous avez toujours souhaité devenir. De ce fait, je me suis donné le courage d'étudier les idées de ceux qui ont réussi leurs études et leurs affaires, de suivre leurs méthodes afin d'en faire un résumé et le condenser dans ce livret en les complétant par mes propres expériences car je savais que « **Réussir à l'université ça s'apprend**».

Ces idées constituent les 20 conseils pratiques exposés dans ce livre.

En guise de guide au lecteur, ce livre s'adresse à tous les étudiants et étudiantes indépendamment du domaine choisi et de l'institution d'appartenance. Il s'adresse également aux élèves qui sont en degré terminal et qui se préparent à faire les études supérieures. Le lecteur se doit de commencer le livre du début à la fin et suivre l'enchaînement logique des conseils que nous proposons. Il est recommandé au lecteur de lire et relire ce livre pour qu'il puisse intérioriser ces idées et les vivres aux fins de se relever chaque fois qu'il se retrouvera dans une situation tendant à le conduire à l'échec.

Conseil 1

Construisez votre objectif

« Nous avons tendance à obtenir ce à quoi nous nous attendons, et quand on s'attend à rien, on n'obtient rien... C'est en poursuivant un but unique que l'on peut gagner.»

Joseph MURPHY

Tout commence dans la pensée. On ne s'inscrit pas dans une discipline universitaire sans avoir préalablement réfléchi. Qu'est-ce qui oriente alors notre réflexion ? Nos rêves et nos ambitions. Dans la pensée on voit des rêves et ceux-ci seront poursuivis en termes d'objectifs. Un objectif suivi d'un plan bien précis et qui se poursuit par des actions finit toujours par se réaliser. La réussite est donc considérée comme étant le fait d'atteindre un objectif visé. L'échec c'est lorsque votre objectif n'a pas été atteint.

Il est absurde de s'attendre à quelque chose qui n'existe pas. Toute réalisation importante dans tous les secteurs de la vie de l'homme est le produit d'un but poursuivi et d'un plan précis pour celui-ci. De même l'étudiant inscrit dans une institution d'enseignements supérieurs doit poursuivre un but précis pour qu'il puisse avoir du succès. Vous devez donc voir votre réussite avant de la vivre.

Un étudiant inscrit sans avoir un but qu'il poursuit et qui s'attend à une réussite est semblable à un tireur qui tire au hasard et qui s'attend à un résultat positif. C'est ainsi que d'après Zig ZIGLAR, « il est aussi difficile d'atteindre une destination qui n'existe pas que de revenir d'un endroit qui n'a jamais existé.»

La quintessence d'avoir un but dès votre arrivée à la faculté, répond à la question « Je m'attends à quoi ? Qu'est-ce que mes parents, mes enseignants attendent de moi ? Par exemple, vous attendez des grandes distinctions ? Des distinctions ? Des satisfactions? Des ajournements ? Qu'attendez-vous au juste titre ? Je pense qu'en ayant la réponse, vous chercherez alors le chemin qui vous dirigera à votre destination. Vous construirez des plans et vous aurez une méthode et des approches qui sont compatibles avec votre vision. Quelqu'un peut-il envisager d'aller à pied aux États-Unis ? C'est-à-dire lorsque vous avez l'idée de là où vous allez, le moyen de transport vous sera aussi facile à trouver. Un-e étudiant-e bien instruit-e et intelligent-e doit savoir constituer ses objectifs pour réussir.

Fixez-vous un objectif bien précis. Demandez-vous ce que vous voulez vraiment concrétiser dans votre cursus. Ayez des questions pertinentes quant à votre objectif. Précisez si réellement c'est ce dont vous avez besoin. Rappelez-vous que « la nature ne peut vous donner que ce que vous lui demandez»[1], disait Napoléon HILL. Identifiez les éventuelles obstacles à votre but et trouvez un plan pour les surmonter si pas les dévier. Soyez convaincu de votre objectif qui doit en même temps correspondre à vos plans et méthodes.

De tout ce qui précède, retenez que le but que vous vous êtes fixé dès l'ouverture de l'année académique, justifiera votre décompte final. Prenez soin de ce dont vous avez besoin. Soyez précis et rationnel lorsque vous venez apprendre à l'université.

[1] N. HILL , *Réfléchissez et devez riche, le grand livre de l'esprit maître,* traduit de l'anglais par S. TRUDEAU, Québec, Éditions AdA, 2014.

Conseil 2

Orientez-vous dans un domaine qui vous motive

« Ceux qui combattent pour leur propre gloire sont de bons et fidèles soldats.»

Nicolas MACHIAVEL[2]

Chacun possède une force intérieure qui le guide vers l'œuvre de sa vie, ce que l'on est censé accomplir pendant le temps de sa vie. Pendant l'enfance, cette force est facile à toucher du doigt. Elle oriente chacun vers des activités et des sujets correspondant à des penchants naturels et attirant une curiosité profonde.

À partir de l'école secondaire, chaque élève ayant le projet de faire les études supérieures, devrait commencer à construire son esprit maître qui le guidera dès sa première année à la faculté. En choisissant une discipline à affronter ne vous laissez pas convaincre par qui que ce soit. Que personne ne vous dise ce qu'il faut suivre. Faites-vous inscrire dans une discipline qui vous motive, qui entre dans vos rêves d'enfance, que vous aimez tant. Ne soyez pas déçu du résultat que vous aviez obtenu dans ce domaine à l'école secondaire.

Mais choisissez un domaine qui vous présente un intérêt particulier. En droit on dit toujours que « l'intérêt est la mesure de l'action». En outre, pour maîtriser un domaine, il faut aimer le sujet et se sentir avec lui des affinités profondes. Pour Einstein, ce n'est pas la physique qui l'obsédait mais le mystère de forces invisibles gouvernants l'univers.

N'acceptez pas lorsque votre papa ou votre maman vous dit « Gayo tu dois faire la médecine où tu dois faire le génie civil ». **Rappelez-vous que c'est de votre vie professionnelle qui est en**

---

[2] N. MACHIAVEL, *Le prince,* 1515.

danger si vous faites un très mauvais choix du domaine. Il y a risque d'incompatibilité entre vos rêves et votre vie professionnelle réelle. Ou si ce sont les autres qui éprouvent les sentiments de vos rêves à votre place, acceptez ce qu'ils vous disent.

Ne soyez pas tenté par la conjoncture du moment car dans tous les domaines on aura toujours besoin d'un spécialiste, peut-être c'est vous ? Plus il y a des chômeurs dans tous les domaines, plus il y a des employés et des employeurs dans tous les secteurs de la vie. Plus il y a des juristes misérables, plus il y a des médecins misérables partout dans le monde. Ce qui compte c'est la façon dont vous vous êtes créé une place considérable dans la société.

Conseil 3

Développez le désir ardent d'atteindre votre objectif

« Le désir dominant de chacun peut être cristallisé en sa réplique matérielle grâce à un but déterminé, soutenu par des plans bien précis, le tout consolidé à l'aide de la loi naturelle du rythme hypnotique et du temps !»

Napoléon HILL[3]

Constituer des buts précis avec des plans clairs et réalistes c'est beaucoup mieux. Cependant en cas d'absence d'un désir ardent, vous resterez toujours dans les rêves sans jamais atteindre un objectif quelconque. Vous serez à chaque fois frappé du découragement et du désespoir. Le désir d'accomplir votre but constitue l'appareil motivateur de toutes vos émotions et tous vos sentiments positifs qui peuvent facilement influencer votre cerveau et vous permettre d'obtenir la cote souhaitée.

Pour garder en forme mon objectif, je résistais à toute tentative de découragement de la part de mes camarades. À chaque fois qu'on me disait qu'il me fallait me contenter du résultat obtenu, je me disais toujours que lorsque vous avez besoin de l'eau à boire, n'acceptez pas qu'on vous donne de la boisson. Elles ne jouent pas le même rôle dans l'organisme.

Je me rappelle lorsque j'avais obtenu la mention satisfaction avec soixante-neuf pour cent, or mon objectif était celui de la mention distinction avec soixante-dix pour cent. Il me fallait refaire un examen à la deuxième session pour y arriver. Chose étonnante est que chaque camarade qui me voyait refaire un examen après avoir réussi à la

[3]N. HILL , *Op.cit.*

première session avec un tel pourcentage, me prenait comme quelqu'un qui manque à faire. D'autres me qualifiaient d'un fou. Le problème était que personne, ne savais ce que je cherchais, quel était mon objectif.

Vous devez donc avoir un désir fort de réaliser votre projet. Si votre but est d'obtenir soixante-dix pour cent comme moi, ayez de l'amour et motivez-vous avec ardeur dans ce projet. Je vous rassure que vous y arriverez. Tout but non désiré ne se réalise pas. Comment pouvez-vous ensemencer votre jardin le haricot alors que vous avez besoin de pomme de terre ? À quoi vous vous attendez ? C'est un peu bizarre de vouloir une chose et cultiver son contraire. Toutes vos pensées dominantes doivent cadrer avec votre but (le pourcentage souhaité) en vous nourrissant des pensées purement positives pour vous motiver. « Toute pensée dominante finit par se réaliser, qu'elle soit positive ou négative»; disait Napoléon HILL.

Un étudiant qui n'est pas dominé par le soucis de réussir, de surpasser les autres ne fournira aucun effort pour augmenter ses aptitudes et de progresser. Il se contente de sa situation, de ses faiblesses, de son ignorance, de son mépris. Malheureusement ce sont ces étudiants qui sont les premiers à pouvoir qualifier les enseignant-e-s de gens mauvais après leur affichage. Ce sont eux qui disent que les enseignant-e-s les ont volé leurs points mais est-ce qu'en réalité les points de l'étudiant-e peuvent être volés par son enseignant-e ? Pour en faire quoi ?

Ces étudiants sont ceux-là qui sont toujours corruptibles, paresseux et qui aiment la facilité ; les tricheurs et les grands collaborateurs. Les girafes qui aperçoivent des réponses à cinq mètres dans une salle d'examen sur les feuilles des autres. À la veille des examens, pendant que d'autres sont concentrés dans leurs notes, eux sont toujours à la recherche des numéros téléphoniques des enseignants. Malheureusement toutes leurs démarches les conduisent à l'échec.

En réalité celui qui désire une chose, cherchera toujours des bonnes voies pour l'attraper. Ainsi un étudiant qui désir réussir préparera sa réussite dès son premier jour à l'université. Vous êtes le seul à pouvoir accorder de la valeur à votre but. Rappelez-vous ce qu'avait dit un philosophe : « vous êtes où vous êtes parce que c'est exactement où vous voulez être.»

Allumez votre désir sans vous laisser décourager par la conjoncture actuelle, vous serez à mesure d'exploiter toutes vos capacités. Vous êtes intelligent, doué, alors n'acceptez pas d'aller dans l'au-delà avec toutes vos ressources. Exploitez-les car dans vos mains, vous avez la clé de votre réussite et de votre échec à l'Université. Ne vous demandez pas si vous étiez tel, vous feriez ceci ou cela ou si vous aviez ceci ou cela. Votre jardin est fertile comme celui de la personne dont vous voulez devenir. Le résultat dépendra de votre semence. FAITES EXPLOSER LA BOMBE QUI SE RETARDE EN VOUS.

Conseil 4

 **La détermination dans votre démarche**

«Vous n'imprimez pas ces désirs en répétant des chaînes de mots. Vous le faites en conservant votre vision avec la DÉTERMINATION inébranlable de l'atteindre et la FOI constante que vous l'atteignez réellement.»

Wallace D. WATTLES

« La même attitude doit être maintenue en dépit des changements de l'environnement.»

Prescott LECKY

Si nous pouvions avoir une assurance pour surmonter toute sorte d'obstacle dans la poursuite de nos objectifs, ça serait la détermination. Elle nous permet de faire ce dont nous sommes appelés à faire. À comprendre que malgré les difficultés, on avance, on bouge, et on arrive. Tout étudiant-e qui se détermine pour la réussite, l'obtient nécessairement.

Ce n'est pas que les gens qui persévèrent dans leurs études ne connaissent jamais le doute, la crainte et l'épuisement. Ils n'en sont pas exempts. Dans les moments les plus pénibles, nous pouvons avoir la foi que, si nous faisons un seul pas de plus que ce dont nous nous croyons capables, si nous puisons dans la détermination extraordinaire que possède tout être humain, nous apprendrons certaines des leçons les plus profondes que la vie a à nous offrir. C'est qui est certain, c'est que sans défis, sans adversité, sans résistance et souvent sans douleur, on ne saurait avoir de force. Le problème qui vous donne envie de lever les mains en l'air en suppliant que l'on vous fasse grâce aura pour effet d'affermir votre ténacité, votre courage, votre discipline et votre détermination.

La détermination est un élément essentiel pour réussir vos études supérieures. Il existe tant de situations conjoncturelles qui sont parfois défavorables et qui peuvent avoir de l'impact sur votre réussite tant que vous ne soyez déterminé à surmonter les défis. C'est ainsi que vous verrez un étudiant qui commence à construire ses plans d'actions et après ne respecte plus son horaire d'étude. Il y a d'autres qui ne se présentent plus au cours. Manque de détermination parfois anéantit notre motivation et nous éloigne de nos objectifs.

Conseil 5

N'ayez pas le désir excessif des choses de luxe et de l'argent

Commençons par les choses de luxe

C'est vrai que pour paraître séduisant-e au regard des séduits, il suffit de porter des habits et des chaussures de luxe. C'est bien parce que vous voulez séduire et paraître devant tout le monde comme quelqu'un de respectueux mais pour moi, vous pouvez être respecté et séduire des milliers des étudiants qu'à travers les bonnes actions que vous faites aux autres.

Examinez votre état financier entant que l'étudiant-e et votre manière de vous habiller si vous ne trouverez pas une quelconque différence. Lorsque vous voulez vous habiller des habits luxueux, faites en sorte que vous ne gaspilliez tout votre argent aux habits, chaussures et autres alors que demain vous serez chassés de la salle d'examen pour cause non-paiement de frais.

Il en est de même pour ceux ou celles qui préfèrent dépenser pour des téléphones de luxe à l'occurrence des iPhones, Samsung, iPad et autres technologies tout en ayant ni emploi ni autre source de revenu a-moins que ça provienne de vos parents. Surtout aux jeunes filles et garçons, si vous avez reçu un don ou cadeau, tant mieux. Cependant que cela ne soit pas un cadeau empoisonné ou un conducteur à la prostitution et au vol. Rappelez-vous que vous cherchez là réussite et non convaincre les gens que vous êtes luxueux.

Pour TRUMP, bien s'habiller, c'est comprendre son environnement : connaître la culture et en s'efforçant de la refléter et de la respecter. Vous êtes étudiant, sans emploi ni source de revenu, alors habillez-vous selon la culture estudiantine. Et si vous avez une source de revenu, ne dépensez pas plus que vous gagnez.[4]

Prenons alors l'argent

Bien d'étudiants abandonnent leurs études lorsque qu'ils attendent un mot qui cadre avec l'affaire d'argent et lorsqu'ils vont dans cet élan, quand ça bloque ils ne reviennent plus. Les rêves changent et la vie change également. Néanmoins, c'est bien de chercher l'argent parce que moi qui vous parle, j'aime chercher l'argent tout en étant étudiant. Et je pratique autre fois l'entrepreneuriat. Cependant que cette occasion de trouver une somme importante ne vous gâche et ne vous rebrousse de votre chemin. «Nous pouvons échapper à la contrainte de l'argent en vivant selon nos moyens, et nous discipliner afin que l'argent soit une préoccupation mineure.»

L'argent est là à vous servir pour étudier dans des bonnes conditions mais que cela soit ne l'objet de votre malheur. Pour qu'un jour au lieu que vous disiez « la science domine le monde », vous dites alors « le diplôme n'achète pas la bière».

Je connais plusieurs parents qui regrettent toujours en disant que s'ils avaient étudié, ils ne seraient pas humiliés, ils ne vivraient pas une telle misère, ils occuperaient des grandes places dans tel ou tel autre service. Ainsi d'après Mark TWAIN, « dans vingt ans vous serez plus déçus par les choses que vous n'avez pas faites que par celles que vous avez faites. Alors sortez des sentiers battus. Mettez les voiles. Explorez. Rêvez. Découvrez.»

Il est nécessaire de regretter aujourd'hui pour vous réjouir demain, plutôt que de vous réjouir aujourd'hui et venir regretter demain.

---

[4] J. DONALD TRUMP J., *How to get rich,* New-York, Randon House, 2004. Traduction française.

Conseil 6

Restez connecté et concentré

« La concentration est la clef de la réussite. Pour la développer, utilisez la technique de la concentration sur un point.»

Christian GODEFROY

La concentration est un code du succès. C'est un élément essentiel dans la réalisation de grand-chose dans presque tous les domaines. Pour réussir il faut se concentrer tellement à ce que vous envisagez faire, à ce que vous êtes en train de faire. Le parcours académique obéit aussi à cela. Tous ceux qui ont été, qui sont et qui seront des grands professeurs, des inventaires et des grands scientifiques qui font des choses extraordinaires aujourd'hui, sont tous dans un socle : des gens qui savent se concentrer sur un sujet précis sans se laisser distraire.

Alors cherchez les portes de distraction et fermez-les toutes. Si vous éteignez votre téléphone pendant le moment d'étude et conduire toute votre attention sur ce dont vous voulez apprendre est une très bonne chose. En outre, oublier tous les mauvais évènements qui vous sont survenus avant est nécessaire. Savez-vous pourquoi ? Parce que les pensées négatives qui nous viennent en tête, nous perturbent toujours et nous déconcentre sur l'essentiel.

Car je ne cessait de lui faire comprendre qu'en elle peut germer ma réussite tout comme ma défaite dès lors que je ne fasse pas l'attention. Bref, lorsque vous entretenez des relations amoureuses pendant votre séjour à l'université, faites en sorte que cela ne creuse le trou de votre chute.

Parfois, on se sent trop affaibli et on est même contraint à les laisser tomber. Cependant n'abandonnez jamais. Oui n'abandonnez malgré la pression sociale, familiale, environnementale. Arrêtez de vous stresser pour rien, vous ne mourez pas. N'écoutez jamais les gens qui vous font croire que vous ne pouvez pas réussir dans les études. En vous donnant comme prétexte que vous n'avez pas assez le niveau. Que vous n'êtes pas assez doué dans ceci ou dans cela. Que vous n'avez pas les compétences pour réussir dans un tel domaine. Que beaucoup ont échoué et se sont tournés vers d'autres choses.

Ne laissez pas ces gens affaiblir votre propre concentration. Ne les laissez pas vous détourner de vos objectifs, restez juste focus sur ce que vous voulez faire. Sur ce que vous voulez obtenir : Surtout restez attentif, connecté et concentré à vos cours.

Conseil 7

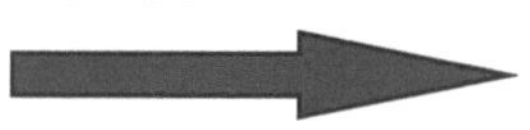

Faites-vous une image d'un étudiant intelligent et travailleur

« L'image de soi est la clé de la personne humaine et du comportement humain. Elle établit la frontière de l'accomplissement personnel. Elle délimite ce que nous pouvons et ne pouvons pas faire. Les actions, les sentiments, les comportements et même les capacités d'une personne sont les conséquences directes de l'image que l'on a de soi-même.»

Dr MAXWELL MALTZ

Parfois nos considérations personnelles, nos pensées quotidiennes nous limitent et Impactent aussi bien positivement que négativement notre travail.

Par ailleurs, l'on peut aussi se programmer soi-même en accordant de l'importance sur les choses négatives. En se répétant des idées, des suggestions qui nous inspirent le malheur, la faiblesse, le désespoir, le découragement, la fainéantise, la limitation, la défaite, etc.

La meilleure façon de vous en sortir serait de vous déprogrammer des pensées négatives et vous reprogrammer par des pensées positives. Changez votre imagination. Construisez autour de vous une atmosphère agréable. Ne cessez jamais de croire à votre savoir-faire, à vos aptitudes. Vous êtes le meilleur qu'il puisse exister. Songez toujours à faire des distinctions. Envisagez toujours la première session. Ne vous découragez pas pour rien, vous êtes capable de franchir toutes les barrières, de surmonter toutes les limites, qui sont généralement imaginaires et fictives. «Changez votre manière de penser et vous changerez votre vie», disait Napoléon HILL.

Conseil 8

Ne confondez pas vos objectifs.

Vos objectifs, vos ambitions, vos rêves, sont portés à l'esprit, et représente l'image de ce que vous aimez, ce qui est utile, ce qui est exigible, ce qui est prioritaire. Cependant lorsque le démon confusion s'infiltre dans vos objectifs, vous commencerez à agir en arrière ou en contre-courant. Rappelez-vous que ce que nous avons à l'esprit se matérialise par les actes extérieurs comme l'avait bien souligné Napoléon HILL. En agissant dans le sens contraire, vous vous éloignez de votre objectif, vous mettez le cadenas à votre objectif, vous l'oubliez et le consumez à la fin.

Lorsque vous confondez ce dont vous êtes venu faire à l'université, vous confondez ce qui vous aide à progresser dans la vie professionnelle à ce qui vous empêche de voir votre vie s'épanouir dans la science, vous confondez alors ce qui implique positivement votre parcours à ce qui l'implique négativement. Ne voulez pas pêcher du poisson dans le lac Kivu puis au lieu de prendre le filet et vous diriger vers le lac, vous prenez les chiens de chasse et vous vous dirigez vers le parc de Kahuzi-Biega espérant retourner avec les poissons dans votre sac. C'est une folie.

Si vous voulez réussir à l'université, ne confondez jamais ce que vous êtes venus faire. Rappelez-vous toujours de votre statut d'étudiant qui vous révélera vos droits et vos obligations. Devant les parents qui vous prennent en charge, vous avez une obligation de résultat et non celle de moyen. Ne le décevez pas avec vos habitudes de confondre votre objectif. Précisez vos plans, vos méthodes, soyez claires dans tout ce que vous entreprenez pour l'épanouissement de votre vie future, dans une profession que vous avez toujours rêvée. «Ne confondez jamais la vie que vous vivez aujourd'hui, le miel d'aujourd'hui à celui de demain après vos études.»

Conseil 9

Métrisez vos émotions

«Regardez devant vous ce que vous pouvez faire au lieu de vous retourner sur ce que vous ne pouvez plus changer.» Clancy TOM

« N'oubliez pas que si vos plans échouent que la défaite temporaire n'est pas un échec permanent. La défaite temporaire mène au succès si vous recommencez tout depuis le début en établissant des nouveaux plans cohérents.» Napoléon Hill

De prime à bord, dans chaque institution universitaire , les étudiants traversent parfois des moments purement difficiles et de souffrance. Ces difficultés et souffrances se justifient par le fait que parfois nous étudions dans des mauvaises conditions de vie et cela nous prédispose au danger des états des émotions négatives. Ces émotions ainsi subies, imprègnent à la fois la santé mentale et physiologique de la plupart des étudiants.

Sans être trop exhaustif, ici nous allons nous limiter à examiner trois cas qui généralement me survenaient. Il s'agit des stress, frustration et la peur.

Restant très longtemps dérangé par ces trois états émotionnels, pour faire face, j'étais obligé d'aller dans le monde extérieur pour trouver des solutions. D'une part, je demandais aux aînés ce qu'il faudrait faire en cas d'une telle situation et d'autre part je lisais plus des livres qui traitent des émotions. Eh ! Bien lire des livres sur le développement personnel est une arme pour bombarder n'importe quel ennemi de la vie professionnelle.

Ainsi, en évoluant dans ce rythme, je compris alors que le problème n'est pas la survenance de ces dernières, mais le problème demeure dans la cause et la gestion de celles-ci. Donc pour certains étudiant-e-s ces genres des situations leurs permettent d'être affermis davantage après leurs victoires. D'où selon Albert Einstein, «au milieu d'une difficulté se trouve une opportunité.» Cependant, d'autres étudiant-e-s qui se laissent dominé par leurs émotions, sont souvent désespérés, découragés et par conséquent ils perdent l'équilibre ce qui leur conduit à l'échec. Or généralement tous ceux-ci nous arrive à la suite des nos propres erreurs. «L'homme qui réussit tirera profit de ses erreurs et essaiera de nouveau d'une manière différente», disait Dale CARNEGIE.

Conseil 10

Décidez de réussir vos études et passer à l'action

C'est bon de vouloir réussir vos études supérieures, mais c'est encore mieux d'agir pour obtenir des résultats concrets.

Vous devez décider mais décider, c'est-à-dire prendre une décision dans le béton armé et dire : « Je m'engage à faire tout ce que je peux pour réussir ». Décider, c'est de ne pas savoir comment vous allez réussir, combien de temps ça va prendre, ce que vous pouvez faire ou pas mais engagez-vous à tout donner, à vous impliquer aujourd'hui et dans les jours qui suivent pour réussir.

Conseil 11

Découvrez votre mémoire

«Connais-toi toi-même ».

Socrate

La connaissance de votre mémoire et de son fonctionnement, constitue un élément crucial dans le processus de votre apprentissage. Comment allez-vous affronter votre ennemi sans connaître vos forces, votre arme et son fonctionnement ? Voulez-vous être attrapé par vos ennemis et devenir prisonnier de guerre ?

En déplorant les oublies malencontreuses, nous avons tendance à parler des défaillances de nos mémoires. Parfois il nous arrive de dire aux camarades, tu as une bonne mémoire que moi, moi j'oublie très vite ne comptez pas sur moi. Je n'ai jamais eu une bonne mémoire. J'espère que vous ayez une bonne mémoire mais que vous ne le saviez pas ou du moins l'utiliser correctement.

Eh ! Oui vous avez toujours oublié ? Vous n'avez plus rien en tête ? Mais comment vous lisez ? Pourquoi ne perdez pas l'alphabet ? Pourquoi riez-vous alors ? Vous avez une mémoire bonne.

Il est connu par tout le monde que la mémoire, notre stockage, est une faculté qui oublie. C'est pourquoi il est très important de connaître votre type de mémoire qui vous prédomine afin de vous y exercer pour son fonctionnement et son adaptation. Cela vous permettra de garder longtemps vos souvenirs et apprendre efficacement vos cours.

Conseil 12

Arrêtez l'intempérance

«Un cheval ne peut aller nulle part avant d'être attelé. La vapeur et le gaz ne propulsent rien avant d'être confiné. Une vie ne peut devenir extraordinaire avant d'être centré, dédiée, disciplinée.»

Harry EMERSON FOSDICK

L'étudiant qui veut atteindre ses objectifs, en se disciplinant, doit renoncer à certaines choses utiles qui ne sont pas encore indispensables pour lui.

Commençons d'abord par la sexualité dans la vie éstudiantine

Il y a une poussière d'incompatibilité entre les études supérieures et la pratique excessive du sexe, sauf pour les mariés.

Dans ce bouquin nulle part je vous dirai que la sexualité est quelque chose de condamnable et que celui qui s'abstient d'avoir des relations sexuelles est plus pur et élevé que le reste. La pratique de sexe en plus de ses conséquences à l'occurrence d'une grossesse indésirable, les maladies et parfois les déconcentrations, la sexualité devient plus dangereuse chez l'étudiant lorsqu'elle lui conduit à la luxure. La lascivité et la luxure conduisant généralement à l'échec.

Passons alors à l'autre domaine : l'ivrognerie

J'ai mis un peu d'alcool dans la tête comme stimulant, cependant le lendemain je me suis rendu compte que je n'ai pas révisé mes cours ce soir-là ! C'est ce que me disait un camarade.

L'intempérance dans le domaine des boissons aux jeunes étudiant-e-s, constitue non seulement un danger pour la santé mentale et physique, mais aussi est une ruse destructrice qui conduit un grand nombre d'étudiant-e-s à abandonner leurs rêves.

Voici un petit conseil sur ce sujet

Les petites corrections de quasi invisibles dans votre parcours, peut vous apporter des fabuleux résultats à la fin. Le minimum de discipline dont vous vous créez du jour au jour vous permettra de bien réussir vos études supérieures. Si vous vous retrouvez déjà dedans, cherchez petit à petit à abandonner votre voie. Vous devez avoir une destination précise où vous voulez amener votre vie.

Votre choix peut être votre plus grand allié ou à l'inverse, votre ennemis le plus redoutable. Il peut soit vous rapprocher de vos objectifs que vous vous êtes fixés, soit vous propulser vers une dimension lointaine, très lointaine. Chaque aspect de votre vie doit son existence à un choix que vous avez fait durant tout votre parcours à l'université.

Conseil 13

Comment vous devez construire votre environnement et nouer vos relations ?

«On ne construit pas son bonheur en s'éloignant des gens».

Anonyme

«Les relations humaines sont presque entièrement responsable de notre bien-être ou de notre mal-être.»

François GARAGNON

Il existe un principe en physique selon lequel, le courant de la charge positive se repousse de celui de la charge négative. Si vous êtes une mauvaise personne, attendez-vous à un compagnon de la charge négative. Par contre si vous êtes une bonne personne, vos relations attireront d'autres personnes de la même charge que vous. Ce qui fait à ce que votre relation soit bénéfique pour vous, ou au contraire être à la base de votre échec.

La quintessence de ce bouquin n'est pas donc à vous éloigner des autres étudiant-e-s mais vise à vous rapprocher de ces derniers en mettant en avant les techniques essentiellement utiles pour avoir un réseau constructif.

Rappelez-vous que les gens avec qui vous avez l'habitude de vous associer constituent votre groupe de référence. D'après les recherches de David McClelland, socio-psychologue à l'université de Harvard, votre groupe de référence détermine près de quatre-vingt-dix pour cent de votre réussite ou de votre échec dans la vie.

D'après Jim Rohn, Ceux avec qui nous passons le plus de temps détermine le type de conversation qui suscite notre intérêt et le genre de comportement et d'opinions auxquels nous sommes régulièrement exposés. Vous devez donc étudier et analyser avec sagacité le genre d'amitié auquel vous voulez vous exposer.

Voici quelques exemples de personnes auxquelles vous devez vous associer :

1. Elle doit être une personne positive. Dès votre première rencontre, à travers sa parole, vous comprendrez que sa pensée est dirigée vers la réussite à l'université, vers le succès et la réalisation des objectifs. Elle ne doit pas avoir des pensées destructives ne croyant qu'à l'échec. Elle doit être bienveillante. Elle ne doit pas être grossière ou violente. Elle doit être ouverte à tout le monde. Elle doit être celle qui peut se mettre à la place des autres, celle qui peut comprendre facilement le mécanisme de sa pensée ainsi que de la pensée des autres.

Elle doit en outre compter à ses aptitudes, celle qui pense que tout est possible à celui qui travaille, celle dont ses objectifs ont des similitudes avec les vôtres. Celle qui ne critique pas les autres et ne condamne pas les autres mais partage ses expériences aux profits des autres.

2. Elle doit être polie et assidue aux cours. Elle doit participer à l'élaboration de vos plans de réussite. Le courageux peut être déniché dans les premières séances de TD ou de TP, à travers sa façon d'écouter les enseignant-e-s, sa manière de prendre note, sa concentration et éventuellement sa façon de poser et de répondre aux différentes questions. Elle ne doit pas se comporter bizarrement envers les enseignant-e-s et envers les autres camarades. J'évitais les fainéants, les paresseux et les impolis.

Évitez de partager profondément vos idées avec les étudiants qui manifestent leurs impolitesses et des mauvaises mœurs à l'auditoire. Si vous vous mettez en contact avec une pareille personne, vous le paierez peut-être amèrement lorsque vous serez confondu à eux. «*Qui s'assemble se ressemble*», disait HOMÈRE.

3. Elle doit être une personne certaine de son parcours et concentrée aux études. Elle doit donc vous rassurer qu'elle finira l'année malgré les défis. Elle sera prête à vous réconforter en cas de problème. Celle qui ne cesse de vous demander ce qu'il faut faire pour réussir. Elle voudra que la plupart des vos échanges soient scientifiques et portant sur des sujets traités dans différents cours ou encore des sujets sur le développement personnel. Bref quelqu'un dont vous voyez le même monde que lui.

Évitez les étudiants qui ne veulent que s'amuser, se distraire, flirter, tricher, corrompre, etc. Et qui vous invitent à être comme eux.

Par contre, trouver à côté de vous, des étudiants qui vous inspirent le bonheur et qui vous encouragent à trouver le meilleur de vous-même contribuerait à votre réussite.

Les professeurs et leurs chargés de TD sont-ils aussi vos potentiels amis ?

« Si vous voulez récolter du miel, ne bousculez pas la ruche.»

Dale CARNEGIE

Vos professeurs et leurs chargés de TD ont une autorité sur vous. Ils ont le pouvoir d'apprécier votre travail ou de ne pas l'apprécier. Pour ainsi dire que votre relation avec les enseignants est en grande partie hiérarchique et non amicale.

Ne cherchez pas à avoir de relations avec les enseignants croyant qu'ils vont vous donner des points gratuitement sans travailler. C'est une grosse erreur que vous puissiez commettre. Il est difficile d'influencer l'objectivité de l'enseignant sous prétexte de votre amitié au risque de vous créer des répercussions importantes. A moins qu'il soit subjectif.

Cherchez donc à vous faire connaître à l'enseignant-e d'une manière intelligente. Approchez-vous à vos enseignant-e-s en leur posant des questions pertinentes sur leurs cours.

Demandez-leur ce qu'ils attendent de vous. Demandez aux assistants de vous partager des livres numériques par exemple et leur demander la manière dont eux présentaient leurs travaux. En outre, cherchez à être poli lorsque vous parlez à vos enseignant-e-s, ayez en tête que c'est à votre chef hiérarchique que vous vous adressez. Ne lui parlez pas lorsqu'il est occupé par ses collègues. Attendez lorsqu'il est à l'auditoire ou lorsqu'il est seul pour lui parler. De préférence, lui retrouver au bureau est important.

Conseil 14

Comment avez-vous géré votre temps ?

« Agissez dès maintenant et n'attendez pas le bon moment, car il n'arrivera jamais.»

Napoléon HILL

Le manque d'organisation fait rapidement obstacle à la réussite scolaire. En devenant corvée, vous avez alors l'impression que vous ne parviendrez jamais à accomplir correctement votre mission. Un cercle vicieux s'installe : vous ne savez pas où commencer, vous retardez alors le début de vos travaux, vous disposez donc de moins de temps pour le faire. Vous vous laissez aller au découragement et finalement, vous reportez vos travaux à plus tard.

L'étudiant-e qui s'inscrit dans une université, demeure confronté-e aux différentes tâches à accomplir, aux différents besoins à satisfaire ainsi qu'à la nécessité de se reposer. Hors le temps de repos, plusieurs activités lui sont envisagées et nécessitent toutes leurs accomplissements.

Parmi ces activités, nous pouvons énumérer la révision des notes, la présence aux cours, la recherche scientifique, les activités ménagères, les activités à but lucratif, les activités religieuses, les rencontres familiales et relationnelles, des activités sportives, loisirs et autres activités qui peuvent se présenter. Toutes ces activités sont importantes à l'étudiant-e dont les unes facilitent l'accomplissement des autres.

Nous connaissons que la plupart des activités qui figurent ci-haut, son utiles à l'étudiant-e-s. Cependant toutes ne sont forcément nécessaire pour le moment. En départageant votre emploi du temps aux activités seulement nécessaires et exigibles, et surtout pour votre réussite et y ajoutant le temps nécessaire pour le repos, vous vous rendrez plus stable et équilibré dans l'élaboration de vos plans.

Conseil 15

Évitez la procrastination

« Ce n'est pas parce que les choses sont difficiles que nous n'osons pas, parce que nous n'osons pas qu'elles sont difficiles.»

SÉNÈQUE

« L'habitude de toujours reporter une expérience jusqu'à ce que vous puissiez vous le permettre, ou jusqu'à ce que le moment soit venu, ou jusqu'à ce que vous sachiez comment le faire est l'un des plus grands cambrioleurs de joie.»

Charles R. SWINDOLL

Prenez profondément conscience que le moment présent est toujours uniquement ce que vous avez. Faites de l'instant présent le point de mire principal de votre académique. Tandis qu'auparavant vous habitiez le temps et accordiez de petites visites à l'instant présent, faites y maintenant votre lieu de résidence principale et accordez de brèves visites au passé et au futur lorsque vous devez affronter les aspects pratiques dans votre cursus. Dites toujours "oui" au moment présent.»

Certaines tâches sont difficiles à réaliser du fait qu'elles sont ennuyantes et fatigantes, mais nous devons les réaliser quand même car elles nous apporteront des bienfaits à long terme. Pour réussir vos études supérieures, vous devez travailler au temps présent. Mais le voleur de rêve ne vous permettra peut-être pas. Lorsque vous étudiez, une voix vous suggère « allume la télé afin de suivre un film, un bon match de foot. Elle vous rappelle qu'il y a quelques messages dans votre messagerie et vous suggère de passer quelques minutes sur Facebook et WhatsApp mais une fois vous y êtes, vous y passez plus d'une heure.

Cette voix vous convainc avec des arguments tels que : vous avez encore du temps ; l'examen est encore loin. Regardez ce film maintenant et demain vous allez étudier toute la journée afin de rattraper ce retard ; d'ailleurs vous ne vous sentez pas bien aujourd'hui, vous ne saurez pas étudier dans cet état. Allez seulement sur YouTube ; vous savez que vous travaillez bien sous pression, attendez deux jours avant l'examen pour étudier. En plus, vous n'avez pas envie de le faire maintenant allez-vous promener avec vos amis ; vous le ferez quand vous aurez envie. Un autre jour quand vous prenez la décision de potasser, vous commencez à regarder les nombres de pages de votre support, le volume du cours et vous vous demandez réellement si vous allez finir de tout lire.

Toutes ces suggestions vous poussent à tergiverser vos devoirs et vous plongent dans la procrastination. Décidez dès aujourd'hui de ne pas les suivre et vivez le bon

Rappelez-vous toujours que la procrastination dans votre parcours académique vous amènera chaque fois, une grande charge insupportable et très fatigant le jour de travail. D'où d'après William JAMES, « rien n'est plus fatigant qu'un travail dont on repousse continuellement la réalisation.» et selon M. Cooly, «la procrastination rend les choses faciles difficiles, et les choses difficiles encore plus dures.» Elle est à la base de souffrance inutile, de stress et de la mauvaise santé.

N'oubliez pas aussi que la procrastination vous limite. En ayant l'habitude de remettre à demain vos obligations, vous vous créez des limites qui vous empêchent de faire des grandes choses à l'université. Vous vous détruisez également. D'après Denis WAITLEY, « les seules limites à mes réalisations dans la vie sont celles que je m'impose.» Lorsque vous procrastinez, vous vous détruirez en vous rendant fainéant. C'est pourquoi selon Richard O'Comor, «la procrastination peut-être la forme la plus courante et universelle de comportement autodestructeur».

La procrastination détruit notre potentiel de réussite à l'université et d'accomplissement, elle nous conduit à nous dévaliser à abandonner nos rêves et à renoncer à vivre la vie de nos rêves. D'après Denis St-Pierre, «ce qui arrive dans la vie des gens qui abusent de la procrastination est RIEN, c'est-à-dire aucun progrès, aucune réussite.» La procrastination est parmi les principales raisons d'échec de la plupart des étudiants. La procrastination est une façon de souffrir pour une raison qui est entièrement évitable.

Comment vaincre la procrastination ?

« Si vous avez des objectifs et la procrastination, vous n'avez rien. Si vous avez des objectifs et que vous agissez, vous aurez tout ce que vous voulez.»

Thomas J. VILORD

Voici ce que vous devez savoir pour atteindre vos objectifs en vous débarrassant de l'habitude de procrastiner :

1. N'attendez jamais, l'heure ne sera jamais juste ; disait Napoléon HILL

2. Vous ne pouvez pas faire grand-chose dans la vie si vous ne travaillez que les jours où vous vous sentez bien ; disait Jerry WEST

3. Un retard encaissé ne se récupère jamais. Anticipez donc en les évitant.

4. Comprenez que la meilleure façon faire à un gros problème consiste à le partager en morceaux et affronter à tour de rôle chaque composante. En révisant régulièrement vos cours vous amorcerez vos lourdes tâches en petits morceaux que vous aborderez sans peine.

5. Rappelez-vous qu'il est impossible d'atteindre demain car chaque matin revient à aujourd'hui. Évitez de reporter à demain vos devoirs. D'après Paulo Coelho, «un jour vous vous réveillerez et vous n'aurez plus le temps de faire ce que vous avez toujours voulu faire. Faites-le donc maintenant.»

6. Jouissez dans le présent sans compromettre votre avenir car c'est cela la science de la vie. Si vous aimez réussir, ne gaspiller pas votre temps, car il est l'essence de votre réussite. Respectez scrupuleusement votre horaire d'étude. Si vous trouvez l'indépendance vis-à-vis de la procrastination, vous trouvez votre liberté du succès à la fac. Décidez maintenant de réviser chaque jour vos cours.

7. Si la révision vous paraît le moment le plus difficile et gênant, ajustez-vous à ce rythme. Comprenez que son résultat va vous apporter de la joie, du bonheur et de la réussite. D'après Martin Luther King, « la véritable valeur d'un homme ne se mesure pas dans le moment de confort, de faciliter, mais face à l'adversité.»

8. Définissez avec exactitude votre «pourquoi je fais les études supérieures» et faites la révision quotidienne votre routine mensuelle, hebdomadaire et journalière afin de pouvoir bénéficier de son impact positif dans votre cursus.

Conseil 16

Ne soyez pas négligent !

« L'injure du temps est moins redoutable que la brutalité, la maladresse et la négligence des hommes.»

Jacques BAINVILLE

Si vous avez l'habitude de négliger certaines choses croyant que cela n'importe rien à votre application, arrêtez dès maintenant et prenez la résolution d'être très vigilant et prévoyant. Dans votre cursus, vous ne devez jamais négliger vos habitudes et vos comportements à adopter et à bannir, quelques disciplines à se soumettre ainsi que quelques informations utiles liées aux différents cours et enseignant-e-s.

Conseil 17

Optez pour la discipline

« Apprends à respecter et à suivre les signes»

Paulo Coelho

Outre l'obtention d'une bonne cote, vous pouvez aussi avoir besoin des autres résultats positifs tels que le bonheur, la stabilité et la tranquillité. Or pour obtenir ces résultats, il vous faut une autodiscipline sur tous les plans, comme par exemple sur le plan émotionnel, sentimental, etc.

Lorsque vous voulez vous distinguer positivement des autres étudiant-e-s, c'est certain que vous soyez confronté à des jalousies et à des critiques. Si vous n'êtes pas discipliné sur le plan émotionnel, vous aurez tendance à répliquer à des éventuels menaces, ce qui pourrait vous dérouter et vous décourager dans la quête de vos objectifs.

Mais si vous vous êtes discipliné, vous prendrez des résolutions sages et intelligentes, en appliquant le silence comme votre arme de destruction en cas de critique et de jalousie. D'après Bodo Schäfer, « il y a une bonne méthode certaine pour éviter toute sorte de jalousie et de critiques de la part des autres : ne soyez rien, n'ayez rien et ne faites rien.»

Conseil 18

 **Faites-vous des principes**

Voici quelques principes à suivre :

1. Identifiez toutes les petites habitudes qui par leur accumulation dans le temps, peuvent vous causer préjudice. Déracinez une après l'autre jusqu'à leur extermination. Ne négligez même pas une seule.

2. Contrôlez votre manière d'agir, de parler, de réfléchir et identifiez toutes les bonnes habitudes et comportements à adopter qui peuvent participer à votre réussite. Passez directement à l'action, surtout en optez les options nécessaires tout en vous faisant remarquer de façon positive.

3. Soyez discipliné aussi bien à l'égard de votre environnement qu'à l'égard de vous-mêmes. Conformez-vous aux règlements, disciplinez-vous en vous éloignant de la frivolité.

4. Demeurez informé de tout ce qui se passe dans votre institution. Ayez une même considération, une même motivation dans tous les cours et pour toutes les parties du cours. Si vous effacez en vous la négligence, la réussite vous attend sur votre chemin.

Conseil 19

Soyez le maître des circonstances

« L'homme n'est pas l'œuvre des circonstances, les circonstances sont l'œuvre de l'homme.

Benjamin DISRAELI

Pour commencer l'année académique et terminer, l'étudiante aura besoin d'une saine prise en charge sous plusieurs angles. Cette prise en charge est déterminée par la situation de celui-ci sur le plan personnel, familial ou relationnel. Si cette prise en charge n'a pas été solide au préalable, ou si elle bouscule encours de route, l'échec pourra éventuellement être occasionné par cette perturbation. C'est pourquoi les échecs qui surviennent dans de telles circonstances, sont considérés comme dus à des éléments extérieurs ou involontaires de l'étudiant-e. Nous pouvons citer par exemple la mauvaise santé, des problèmes financiers, familiaux ou linguistiques surtout pour les étrangers.

Si vous êtes dans cette situation, il n'y a alors rien d'étonnant à ce que vous vous sentiez quelque peu déstabilisé et que vous perdiez momentanément votre équilibre. Pour rétablir votre confiance en vous, il est important que vous preniez de la distance par rapport aux circonstances et que vous trouviez un peu de temps pour réfléchir à ce qu'il faut faire pour éviter que cette situation ne se reproduise dans votre cursus.

Conseil 20

Mettez en pratique les conseils trouvés dans ce bouquin

Merci beaucoup pour votre lecture

SCHÉMA SYNTHÉTIQUE DU PARCOURS DE L'ÉTUDIANT DANS UNE ANNÉE ACADÉMIQUE

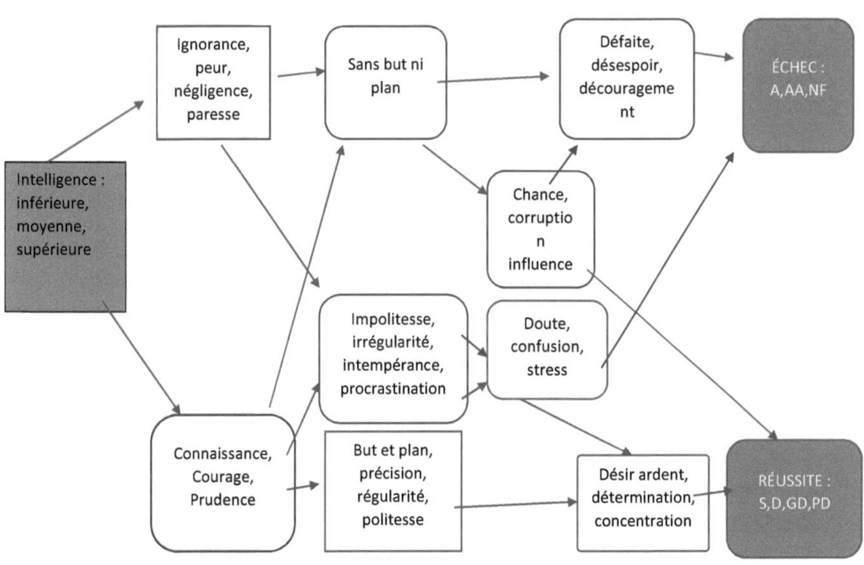

Références bibliographiques

1. CARNEGIE D. et al., *Comment se faire des amis à l'ère numérique et accroître son influence,* Paris, Presse du Châtelet, 2011.
2. COSNIER J., *La psychologie des émotions et des sentiments,* Édition de Retz,1994.
3. CHAMPCLOS A., *La méthode infaillible pour réussir vos études,* Paris, Éditions de La Martinière, 2016.
4. DAVID ALLEN, *S'organiser pour réussir,* traduction de Alain et Myra Bories, Paris, Les Éditions LEDUC.S, 2015.
5. DAVID SCHWARTZ J., *La magie de voir grand,* version française du Bureau de traduction TRANS-ADAPT Inc., 2ième trimestre, Québec, Les Éditions Un monde différent Itée, 1983.
6. DE LANDEERE G., *Dictionnaire de l'évaluation et de la recherche en éducation,* 1ière éd. 2ième trimestre, Paris, PUF, 1979.
7. DONALD TRUMP J., *How to get rich,* New-York, Randon House, 2004. Traduction française.
8. GREENE R., *Atteindre l'excellence,* pour la traduction française, Paris, Les Éditions LEDUC.S, 2014.
9. HARDY D., *L'effet cumulé,* Pologne, VideoPlus Europe Sp zo.o, 2011.
10. HERMAINN CAKPO H., *Battez-vous pour vos rêves : 17 stratégies pour poursuivre vos rêves et finir par les réaliser,* Les Éditions H &C, 2012.
11. HILL N., *Réfléchissez et devez riche, le grand livre de l'esprit maître,* traduit de l'anglais par S. TRUDEAU, Québec, Éditions AdA, 2014.

12. JOHN MAXWELL C., *Soyez tout ce que vous pouvez,* 3ième édition, Etats-Unis, David c Cook, 2007.
13. LACOMTE J., *Psychologie : courants, débats, applications,* Paris, Dunod, 2008.
14. MALTZ M., *Psychocybernetics,* New York, Éd. Prentice Hall, 1960, Traduit en français sous, *Psycho-cybernétique,* par l'édition Christian H.GODEFROY.
15. MACHIAVEL N., *Le principe,* 1515.
16. MURPHY J., *La puissance de votre subconscient au travail,* Québec, Les Éditions de l'homme, 2010.
17. ROUBBINS A., *Pouvoir* illimité, Édition j'ai lu, 2008.
18. SYLVAIN St-J., *Études efficaces, méthodologie de travail intellectuel,* Éditions CEC, 2006.
19. TOLLE E, *Le pouvoir du moment présent,* Canada, Ariane Éditions.
20. ZIGLAR Z., *Rendez-vous au sommet,* Édition Un monde différent, 2015

TABLE DES MATIERES

Qui est l'auteur ?

GAYO BULAMBO Cadet est diplômé en Droit, spécialiste en droit des affaires. Il est coach et conférencier qui s'est intéressé au développement personnel et à la motivation de ses paires étudiants en visant à aider les jeunes à gagner en confiance, accélérer leurs résultats et réaliser leurs objectifs.

Né à Isopo le 04 juin 2000, territoire de Mwenga au Sud-Kivu en République démocratique du Congo

En 2017, alors qu'il a 17 ans, il a obtenu son diplôme d'État en pédagogie générale.

En 2018 il est enseignant à l'école secondaire et la même année il est recruté comme secrétaire de Parquet.

Inscrit à la Faculté de Droit en 2019 à l'Université officielle de Bukavu, en 2022 il est élu président du Club Agora juridique. Il coordonne plusieurs structures telles que AESUK asbl, ASOPERVU asbl, Il est secrétaire du Club Science de proximité (membre à l'AUF). Il est aussi membre au Justicia Great LAKES Africa.

Nom ....

Degré ....

Fac. ....

RÉUSSIR À L'UNIVERSITÉ :

Printed by Books on Demand GmbH, Norderstedt / Germany